Visioni della realtà

MARTA INCARNATO

▲

Si tende molto spesso a dimenticare le esperienze traumatiche.

A cancellare momenti dolorosi, come se il cervello risucchiasse ed inglobasse il dolore in una bolla di inconsapevolezza.

Come premere il tasto reset.

Nonostante la realtà sia stata gettata davanti agli occhi come uno schiaffo in pieno volto, si diventa del tutto inibiti e ci si aggrappa ad ogni speranza.

Si comincia a vivere in una perenne condizione di poca lucidità.

Perché ricordare la sofferenza fa paura, è più facile nasconderla, riempiendosi la testa di altro.

Accumulare pensieri su pensieri pur di non soffermarsi sul dolore continuando a ricadere negli stessi schemi.

Ma prima o poi ogni cosa verrà a galla, anche se si è inconsapevoli, il corpo comincerà a dare segnali, farà di tutto pur di risvegliare la mente dal torpore e quando succederà sarà come aprire gli occhi per la prima volta.

Abituarsi a vedere oltre la nebbia.

Qualcosa che avrà bisogno di tempo per essere metabolizzato, ma nel momento esatto in cui diventerà consapevole.
Sarà come tornare a respirare.

▲

Talvolta è così difficile essere trasparenti, riuscire ad essere se stessi in ogni più piccola sfaccettatura.

Le situazioni, gli eventi molto spesso influenzano gli atteggiamenti rendendoli poco chiari.

È la paura dei legami che impedisce di rapportarsi con serenità agli altri, come se ci si sentisse sempre con un riflettore puntato addosso ed una lente di ingrandimento che ricerca ogni difetto.

È come se non si volesse essere realmente 'visti' per paura di mostrare i punti deboli, per paura di darli in pasto a qualcuno che potrebbe trarne beneficio nello sfruttarli a suo piacimento.

E tutto diventa un loop infinito di paranoie che creano altre paranoie.

La paura di mostrarsi, di non essere se stessi, di non essere accettati, di legarsi.

E d'un tratto non si è più padroni della propria mente, è come se iniziasse a viaggiare su una lunghezza d'onda totalmente diversa dal vero 'io'.

Un po' come essere dissociati. Da un lato le sensazioni, dall'altro la testa e riuscire a trovare un punto di incontro è quasi impossibile soprattutto se non si ha la giusta lucidità. Bisognerebbe trovare il giusto equilibrio, una cosa che si acquista solo avendo fiducia in se stessi. Perché solo smettendo di farsi del male da soli, ci si potrà aprire agli altri.

Cosa si prova a non ragionare con la propria mente?

A lasciare che siano gli altri a muovere i fili che si dipanano nel cervello?

Cosa si prova ad essere solo una copia e non emergere mai?

È un po' come guardare attraverso i finestrini di una limousine.

Tutto così oscurato, così plasmato da occhi altrui.

Venire a galla, riuscire a far prevalere una propria idea non è concepibile, si preferisce attaccarsi al pensiero altrui perché è uno sforzo meno impegnativo.

Perché si tende sempre a lasciare che gli altri decidano il da farsi, ciò che è meglio.

Ma il meglio per gli altri equivale al meglio per noi stessi?

Che peso ha tutto questo?

Si resta così invischiati in schemi non propri, in un labirinto di pensieri non spontanei che porta addirittura a credere che siano frutto della propria mente.

Una distorsione vera e propria.

Un lavaggio del cervello completo.
C'è sempre un prezzo da pagare ma ne vale
davvero la pena?
Vale la pena lasciarsi influenzare in questo modo?
È come se non si riuscisse mai a sentirsi
pienamente liberi di potersi esprimere, come se ci
si fosse sempre qualcosa a bloccare il naturale
corso di pensieri.
La mente è un meccanismo intricatissimo eppure
così debole.
Forte ma allo stesso tempo fragile.
Così facilmente manipolabile.
Ci si lascia sempre sopraffare da qualcuno, si vive
all'ombra di altri quasi come fossero miti da
celebrare.
Hanno il potere di imporsi sulle menti altrui e
modellarsi a loro piacimento.
E si resta inerti, senza alcuna identità facendosi
comandare a bacchetta, quasi come blocchi di
creta pronti ad essere scalfiti.
E la cosa peggiore è il non accettare di essere nel
torto.
Restare nella propria zona di comfort calda ed
accogliente, perché è semplice puntare il dito
contro gli altri piuttosto che rendersi conto di
essere in torto.
È semplice credere che siano gli altri a sbagliare

quando bisognerebbe solo guardarsi un po'
dentro.
Ma molto spesso si ha paura di scavare, si
preferisce restare in superficie perché si potrebbe
rischiare di sprofondare in un mare di nulla.
In uno spaventoso vuoto difficile da colmare.
Sarebbe come sguazzare nell'oscurità.

▲

É difficile non indossare una maschera.
Ciascuno di noi ha una parte nascosta.
Magari da un cumulo di costrutti.
Magari da un muro creato per difendersi dal
mondo esterno.
Per essere in grado di sopravvivere senza
spezzarsi.
Senza lasciar andare nessun pezzo di umanità in
pasto a chi non saprebbe come gestirlo o cosa
farsene.
É un continuo susseguirsi di eventi che porta
imprescindibilmente alla nascita di nuovi se che
andranno ad attaccarsi a quello più profondo,
celandolo, facendo in modo che non abbia alcuna
possibilità di emergere.
Resta nascosto, ormai atrofizzato, sotto una rete
brulicante di preconcetti e falsi volti, in balia di
una mente facilmente plasmabile che si fa
trascinare da falsi miti e se ne lascia
completamente sopraffare.
Ed è così che si comincia a non essere presenti,
ad abbandonarsi ad un illusione di sé che rende
più facile lo scontrarsi con un mondo che quasi

digrigna i denti mentre aspetta un passo falso.
Quasi non vedesse l'ora di osservarlo mentre
annega in un mare di incertezze.
Perché è più facile chiudere tutto in una scatola a
marcire creando una spessa barriera contro ciò
che si è.
Scindendosi.
Dissociandosi.
Diventa così tanto un'abitudine portare a spasso
lo spettro di se stessi che riuscire a guardare un
volto che sia umano comporta uno sforzo dal
risultato inutile se non addirittura impossibile.
Bisognerebbe decomporsi e rimontarsi per
potersi ritrovare, se è davvero ciò che si vuole.
Non sempre si ha voglia di riscoprirsi.
È più comodo continuare a ruotare nella propria
orbita fatta di comode sicurezza, un mondo
ovattato che di individuale ha ben poco.
Si subisce quasi una smaterializzazione, se così si
può dire, una completa scissione che difficilmente
porta a galla la vera essenza.
Ci si riempie di preconcetti, ci si incatena in un
prototipo di libertà in cui ciò che prevale è
l'eterna insicurezza.
Una libertà che libera non è.
Un paradosso.

Come la vita stessa.

Un insieme di paradossi che si accavallano gli uni sugli altri generando equilibri instabili.

Si diventa delle macchine, automi privi di mente propria, privi di un cervello pensante.

È tutto nascosto dietro una spessa coltre di finte realtà che lascia addosso un piacevole senso di spossatezza e di intorpidimento difficile da allontanare.

Si dovrebbe smettere di voler continuamente apparire.

Mostrare un qualcosa che di profondo ha ben poco. Ci si dovrebbe semplicemente aprire.

Focalizzarsi all'interno per convergere nel centro.

Inseguire continuamente se stessi, come se fosse una missione.

Perché davvero l'unica cosa che conta.

Capirsi, conoscersi, liberarsi di tutto il superfluo per sprofondare completamente.

Per ritrovarsi.

▲

Può avvenire realmente il cambiamento?
Talvolta è qualcosa di impossibile da prevedere,
talvolta è solo il completamento di un percorso
imboccato in maniera del tutto inconsapevole. Ma
il vero cambiamento, quello interiore, quello che
sconvolge tutti i principi dell'essere, può
realmente avvenire?
Si parla spesso di voler cambiare, di voler essere
migliori, ma ci sono cose dure a morire. Diventare
persone migliori è un conto. Diventare persone
diverse è tutta un'altra storia. Per quanto uno ci
provi, il risultato non sarà mai quello sperato.
Le persone, profondamente, non cambiano, per
quanto si sforzino, per quanto credano di poterci
riuscire.
È semplicemente una cosa che non può accadere.
E non si può pretendere che lo facciano, perché è
tutto fuori dal controllo.
Si può scavare sin dentro le viscere, andare oltre la
superficie, immergersi nel profondo ma molto
spesso ci si scontra con un vuoto.
Quel vuoto creato dallo shock, da lesioni passate
non ancora guarite e se non si presta attenzione

si viene risucchiati nel loro vortice.

Venire a contatto con le proprie paure, con il proprio dolore è un processo che molti preferiscono evitare perché fa sentire vulnerabili, rende fragili e nessuno ha il coraggio di mostrare i punti deboli.

Ci si sente sempre giudicati e si continua a ruotare nella propria orbita di inconsapevolezza. Il cambiamento vero e profondo non esiste, a meno che non sia già radicato sotto il velo di maschere.

In quel caso non avviene una trasformazione, anche se agli occhi degli altri è percepita come tale, è solamente il portare a galla ciò che si è realmente.

Ma spesso si è stati così tanto feriti che riuscire a ritrovarsi è impossibile.

Ci sono cose che deviano, sconvolgono e prenderne consapevolezza fa male.

Quindi si preferisce nascondere, evitare, mentire perché è la strada più semplice, nessuna implicazione emotiva.

Nessun coinvolgimento mentale.

Fare i conti con se stessi fa crollare ogni certezza.

Bisognerebbe entrare in contatto con il proprio vuoto invece di gettarlo addosso agli altri come se non avessero sentimenti.

È un qualcosa di davvero egoista sopperire al

proprio male, riempiendolo col bene degli altri.
Non si riempie un vuoto con un altro vuoto. Non
ci si cura dal male interiore usando il bene che
viene dato dall'esterno.
Non esistono involucri vuoti, ma persone con
sentimenti e pensieri che vanno rispettati.
Bisognerebbe essere più sensibili perché tutti
hanno la loro storia.
Il loro dolore.
Le loro paure.
Viviamo sullo stesso pianeta e respiriamo la stessa
aria ma questo non fa di noi copie. Ognuno ha la
sua individualità che ha bisogno di spazio, di
comprensione e non di essere calpestata perché
non si è in grado di convivere col proprio vuoto.
Siamo tutti così vicini ma così distanti allo stesso
tempo.
Tutti completamente pieni di se stessi ma in
fondo così insicuri.
Bisognerebbe essere più clementi. Bisognerebbe
semplicemente essere più umani.

Non perdere questa sensazione.

Quel senso di spensieratezza che ti pervade e ti rende leggero.

Non perderlo.

Accogline fino all'ultima goccia, fallo tuo.

Lasciati trascinare, come le onde che si infrangono sugli scogli.

Sii te stesso mare.

Fatti trasportare dal suo lento e costante movimento.

Sii scoglio.

Un porto sicuro, irremovibile con radici ben salde nel terreno.

Sii vento.

Così fragile ma così forte da riuscire a far cadere anche gli alberi più stabili.

Sii te stesso natura.

Inizia ad ascoltare, a sentire ciò che ti circonda.

Respira boccate di positività e rendila tua. Non lasciare andar via l'empatia, non scacciarla perché é lei ad averti resa così. Fa sì che sia motore e carburante, fa sì che scorra nelle vene come il sangue che pulsa e ti rende vivo.

Sii in continuo mutamento ma resta sempre fedele ai principi che ti tengono con i piedi ben piantati a terra.

Non dimenticare ciò che eri e non perdere di vista ciò che vorrai essere, la tua parte nascosta. Il passato ti ha incatenata per troppo tempo, è ora di lasciarlo andare perché è stato e non sarà più ma non è detto che ciò che verrà avrà meno peso e meno intensità, sarà semplicemente diverso, magari migliore.

Sii pronto ad accettare il cambiamento.

Ad accettare tempeste su tempeste emotive che sembreranno renderti vulnerabile, che ti sconvolgeranno ma è solo un modo che la vita ha di fare il proprio corso.

Sii tu stesso cambiamento, preparati ad accoglierlo.

Perché il futuro fa paura ma è una costante imprescindibile della vita. Non si può controllare, così come il passato, bisogna solo accettare ed andare avanti.

E riuscire ad arrivare a questa consapevolezza è un grande passo verso quello che ti sembrerà un salto nel vuoto.

Ma tu non preoccuparti.

Face your fears.

▲

Ci sono tante cose belle nella vita.

Persone, luoghi.

Solo che siamo troppo proiettati nel vedere ciò che ci fa soffrire.

Ci rinchiudiamo così spesso nella nostra bolla di dolore da non riuscire a guardare oltre. Quando oltre c'è qualcosa di bellissimo. Qualcosa di impercettibile ma che ti riempie, lascia dentro di te il giusto senso di pienezza e di sincronia con te stesso.

Quel senso di completezza che ti rende centrato.

Ti ricongiunge al tuo io più profondo.

Dovremmo andare oltre tutte le barriere che ci imponiamo, oltre tutti i limiti che ci creiamo.

Sarebbe così facile riuscire ad essere veri.

Qualsiasi gesto fatto con consapevolezza e senza alcun fine potrebbe cambiare tutto.

Fa bene, rende migliori.

Il raggiungimento della pace interiore.

Solo così si è in grado di ricongiungersi agli altri.

Perché chiunque può darci qualcosa se siamo noi a permetterglielo.

Si può essere migliori se è ciò che si vuole

davvero.

Ognuno di noi ha la possibilità di scegliere.

Di scegliere da che parte stare.

Libero arbitrio.

Siamo noi i padroni del nostro destino.

Dovremmo aprire gli occhi e prenderne davvero consapevolezza.

Tutti abbiamo qualcosa da dare, anche se crediamo non sia così.

Siamo così ricchi.

Se solo riuscissimo realmente a guardare, a prestare attenzione ai dettagli importante, alle cose giuste senza star sempre a fossilizzarsi su tutto ciò che non funziona.

Sarebbe tutto così semplice.

Le cose fluirebbero senza distruggere, semplicemente scorrendo.

Si aprirebbe un mondo di infinite possibilità, tutto nelle nostre mani.

Possiamo cambiare ogni cosa se riusciamo a spezzare tutti i legami che ci incatenano in un infinito loop di inconsistenza.

Perché tutto ciò che inconsapevole è fittizio. E tutto ciò che non è reale non può fare male proprio perché non ha consistenza.

Se soffriamo è perché abbiamo deciso di farlo.

Dobbiamo essere noi a liberarci di ogni

apparenza e semplicemente essere.

Essere inteso come vivere, essere presenti.

È un concetto così semplice che spaventa.

Spaventa perché la semplicità e quanto di più difficile esista per noi essere umani.

Preferiamo scegliere la strada più tortuosa perché semplicemente sedersi e stare fermi ad ascoltarsi fa paura.

Ma 'la verità rende liberi'.

Riscoprirsi rende liberi.

Dobbiamo combattere per noi stessi, l'unica battaglia che vale la pena di combattere.

Per essere presenti.

Per essere migliori.

▲

Gli esseri umani sono così fragili.
Tutti così presi dalle loro emozioni.
Così sprofondati nel loro mondo chiuso, pieno di sentimenti contrastanti.
Se solo si riuscisse ad essere meno rigidi.
Se solo non ci si facesse sopraffare da istinti negativi, ognuno potrebbe davvero amare.
Gelosia, odio, invidia rendono deboli, vulnerabili.
Stringono in una morsa distruttiva, quando in realtà si avrebbe solo bisogno di sentirsi liberi, di eliminare tutto il negativo.
Come il nero assorbe tutte le gradazioni di colore, così il negativo attrae ogni gradazione di emozioni. E ci si sente sempre imprigionati, quando basterebbe così poco per poter riemergere.
Per poter entrare in contatto con tutto ciò che di buono esiste.
Gli esseri umani sono così stupidi.
Si affannano alla ricerca di una perfezione che non esiste, che è solo un'idea.
Un'ossessione.
Sentirsi sempre perennemente in conflitto con se

stessi e con gli altri per il raggiungimento di qualcosa che non ha alcun valore, alcun reale peso.

Tutti troppo accecati da cumuli di apparenze.

Così ostinati ad aggrapparsi alle proprie finte convinzioni.

Se solo ci si potesse fermare e riuscire a tastare davvero cosa è reale cadrebbero tutti i vincoli mentali.

Il Velo di Maya finalmente sparirebbe e le cose apparirebbero così come sono.

Chiare.

Ma c'è bisogno di molto lavoro e soprattutto di volontà per essere pronti ad aprirsi e a sentirsi quasi spezzare.

Perché per ogni fine c'è un inizio.

Ed è solo quando si tocca il fondo che si può finalmente risalire, più forti e consapevoli. Con un bagaglio di concretezza tra le mani. Perché la vita può dare tanto, basta solo essere pronti.

INFORMAZIONI SULL'AUTORE

Marta Incarnato, classe '92, e una laurea in Ingegneria per l'Ambiente ed il Territorio, è un'appassionata di scrittura fin da quando era bambina. Ha sempre avuto particolare propensione per la lettura grazie alla sua notevole curiosità. Ha partecipato a due concorsi di scrittura al fine di creare dei compendi di racconti e in entrambi sono stati selezionati e pubblicati due dei suoi brani. Dal 2018 ha iniziato a partecipare a banchetti in festival della zona con libricini totalmente autoprodotti.
Il 2020 è stato un anno di svolta.
Ha cominciato un profondo lavoro di introspezione che la sta portando pian piano a comprendere i meccanismi della mente e quali sono le influenze esterne che agiscono dentro di sè. Alla continua ricerca interiore, il suo obiettivo è il raggiungimento di un'essenza priva di condizionamenti e libera di poter essere davvero.